부활의 기쁨을
함께 맞기를 소망하는

소중한 ________________ 님께

________________ 드림

사순절은 교회력에서 성탄절과 함께 중요한 절기 중의 하나입니다. 재의 수요일부터 고난주간까지 주일을 제외한 40일 동안, 예수 그리스도의 고난과 부활을 묵상하고 자신을 돌아보며, 영광스러운 부활절을 맞이하기까지 참회하며 주님을 닮아 가고자 훈련하는 시간입니다.

사순절, 창조를 회복하는 십자가의 길

이번 「사순절의 깊은 묵상」은 개인적인 경건 훈련을 넘어 인간의 탐욕과 죄로 신음하고 있는 창조 세계 앞에서 회개하는 시간으로 삼고, 절제와 나눔으로 예수님을 닮아 가며, 하나님과 생태 이웃을 비롯한 모든 피조 세계와의 화목을 회복하는 청지기적인 순례의 여정이 되도록 기획했습니다.

환경의 위기는 탐욕과 무절제라는 영적인 죄의 결과이기 때문에 이제 사순절의 회개는 아름답고 오묘하게 창조해 주신 생태 환경을 파괴한 것에 대한 영적인 책임을 자각하고, 인간 중심적인 욕망으로 피조 세계를 훼손하고 신음하게 한 그 죄를 하나님 앞에 고백하는 회개의 시간이 되어야 할 것입니다.

자기를 비워 종의 형체를 가지신 예수님의 자기 비움(케노시스)을 본받아야 하는 우리는 이제 과소비에서 절제로, 독점에서 나눔으로, 지배에서 섬김으로 이어져야 합니다. 그래서 이제 금식은 에너지와 소비와 자원 사용의 절제를 통한 생태적 금식으로 확대되어야 합니다. 그럴 때 사순절의 절제가 단순한 금욕을 넘어서 생명을 살리기 위해 자기 십자가를 지는 모습이 될 것입니다.

또한 섬김을 받으려 함이 아니라 섬기기 위해 이 땅에 오셨던 예수님의 그 십자가 사랑을 본받아 이 사순절을 창조 세계를 섬기는 훈련의 시간으로 삼고, 동시에 환경을 통해 주시고자 하는 영적인 진리와 은혜를 깨닫는 생태영성 회복의 시간으로 삼아 예수님을 닮아 가는 시간으로 만들어 갈 수 있습니다.

사순절은 십자가를 통한 구원이 인간만이 아니라 만물의 회복임을 기억하면서 하나님과의 관계 회복과 더불어 생태 이웃과 다음 세대와의 화목, 그리고 창조 세계와의 화해에 동참하는 여정이 되어야 합니다. 그럴 때 이번 사순절은 개인의 내면만을 돌아보는 시간이 아니라 십자가로 드러난 온 세상을 향하신 하나님의 구원에 참여하는 시간이 될 것입니다.

재의 수요일의 시작

천지를 창조하신 하나님

제1일
2월 18일(수)

온 세상을 만드신 하나님

본문 | 창세기 1:1-5　　**찬송** | "참 아름다워라"(478장)

중심구절

"하나님이 빛을 낮이라 부르시고 어둠을 밤이라 부르시니라 저녁이 되고 아침이 되니 이는 첫째 날이니라"(5절).

깊은묵상

하나님께서 온 세상을 만드셨습니다. "보시기에 좋았더라"고 말씀하실 정도로 완전하게 창조하셨습니다. 빛과 하늘과 땅과 바다와 같은 환경들을 아름다우면서도 완벽하게 만드셨습니다. 또 하나님께서는 식물과 동물과 사람 같은 생명체들을 만드셨습니다. 이 모든 생명체와 무생물체들은 아주 복잡하고 미묘하게 얽혀 있으면서 서로 도움을 주고받고 있습니다. 이것을 '생태계'라고 합니다. 생태계는 원래 '집'이라는 뜻의 그리스어 '오이코스'에서 유래된 말로, 지구는 사람이 행복하고 쾌적하게 살 수 있도록 만들어진 거대한 집이며, 수많은 생명체들도 함께 살아가야 할 집입니다.

이렇게 창조 세계의 모든 모습을 바라보면, 온 세상을 향한 하나님의 마음이 어떠하신지, 그리고 얼마나 섬세하게 창조하셨는지를 알 수 있습니다. 하나님께서 만드신 이 세상에는 얼마나 많은 하나님의 사랑과 은혜가 숨어 있는지 모릅니다. '환경'이라고 하면 오염이 아닌, 하나님께서 우리에게 선물로 주신 아름다움과 오묘함을 먼저 떠올려야 하고, 그 은혜에 감사부터 해야 합니다. 환경을 통해 베풀어 주신 하나님의 은혜를 알게 되면, 그분의 마음과 사랑을 더 깊이 깨닫게 될 것입니다.

묵상을 위한 질문 우리에게 선물로 주신 세상의 은혜를 얼마나 누리고 있나요?

기도 보시기에 좋았다고 하실 만큼 완전한 세상을 창조해 주신 은혜에 감사하게 하소서.

실천 생태적 눈으로 세상을 보며 하나님께서 주시는 세밀한 은혜를 발견하고 기뻐합시다.

지구는 하나님의 선물

제2일
2월 19일(목)

본문 | 시편 8:1-9 **찬송** | "주 하나님 지으신 모든 세계"(79장)

중심구절

"여호와 우리 주여 주의 이름이 온 땅에 어찌 그리 아름다운지요 주의 영광이 하늘을 덮었나이다"(1절).

깊은묵상

사람이라면 누구나 창조 영성을 가지고 하나님께서 손수 마련해 주신 환경에 감사하며 그 은혜를 누려야 합니다. 그뿐만 아니라 청지기의 마음으로 환경을 사랑하고 보전하는 사명을 감당할 수 있어야 합니다. 그러나 우리는 그리스도인으로서 하나님과 이웃을 사랑하며 사는 삶과 친환경적인 태도로 살아가는 삶을 서로 연관 짓지 못하는 경우가 많습니다. 친환경적으로 산다는 것은 이 땅에서 마땅히 드려야 하는 삶의 예배입니다.

환경은 눈에 보이는 것에 그치지 않고 영적인 면까지 내포하고 있습니다. 빛, 하늘, 물, 땅, 양식, 자원, 동식물을 돌보심, 소리, 향기 같은 모든 환경 영역들에 담긴 영적인 의미까지 깨닫고, 주변의 모든 환경을 영성의 재료들로 삼을 수 있어야 합니다. 사마리아 여인에게 물을 달라고 하시면서 영원히 목마르지 않게 할 물을 가르쳐 주셨던 예수님의 말씀처럼, 환경을 통해서 은혜도 누리고 영성의 깊이도 더해 갈 수 있습니다. 예수님이 환경을 비유로 가르쳐 주신 수많은 신앙의 진리처럼, 우리는 환경을 통해서 더 깊은 신앙의 경지를 깨달을 수 있게 될 것입니다.

묵상을 위한 질문 환경을 통해 말씀하시는 영적인 진리와 은혜를 깨닫고 있나요?

기도 생태 영성으로 영성의 깊이를 더해 가게 하소서.

실천 하늘을 보고 새소리도 듣고 풀 내음도 맡는 생태적 멈춤의 시간을 가져 봅시다.

땅을 정복하라는 사명

제3일

2월 20일(금)

본문 | 창세기 1:26-31 찬송 | "영광을 받으신 만유의 주여"(331장)

중심구절

"하나님이 그들에게 복을 주시며 하나님이 그들에게 이르시되 생육하고 번성하여 땅에 충만하라, 땅을 정복하라, 바다의 물고기와 하늘의 새와 땅에 움직이는 모든 생물을 다스리라 하시니라"(28절).

깊은묵상

하나님께서는 사람을 만드시고 사람에게 복을 주시면서 모든 피조물들을 맡기셨습니다. 모든 땅과 생물들을 다스리게 하셨으니 청지기로서 잘 관리해야 할 책임이 우리에게 있습니다. 우리가 청지기의 사명을 잘 감당해야 하는 것은 하나님의 명령 때문이기도 하지만 동시에 피조 세계는 우리가 계속 살아가며 공존해야 할 터전이기 때문이기도 합니다.

하지만 인간의 죄성은 하나님께서 맡겨 주신 피조 세계를 욕심대로 다루어 왔습니다. 하늘과 땅과 물은 각종 오염으로 신음하고 있습니다. 무분별한 개발은 주변 생태계를 파괴하고 망가뜨리고 있습니다. 지나친 자원의 낭비로 모든 자원들은 고갈 위기에 놓여 있고, 동물과 식물은 남획과 각종 오염과 기후변화 등으로 멸종 위기에 처해 있습니다.

창세기 1:28에서 땅을 정복하고 모든 생물을 다스리라고 하신 것은 함부로 다루라는 뜻이 아니었습니다. 보전하며 잘 관리하라는 것이었습니다. 노아 시대에 홍수가 있었을 때 노아는 모든 동물과 식물의 씨들을 방주 안으로 들여와서 잘 보전했습니다. 하지만 지금은 청지기 사명을 제대로 감당하지 못해 피조 세계가 신음하고 있고, 그 위협이 부메랑처럼 사람들을 향해 돌아오고 있습니다.

묵상을 위한 질문 나는 청지기 사명을 얼마나 잘 감당하고 있나요?

기도 내 마음대로가 아니라 하나님의 뜻대로 모든 것을 감당하게 하옵소서.

실천 생태 이웃 사랑을 위해 풀 한 포기, 작은 생명체 하나도 꺾지 말고 밟지 맙시다.

제4일
2월 21일(토)

불편을 즐거워하는 청지기의 삶

본문 | 예레미야애가 5:17-22 **찬송** | "오 하나님 우리의 창조주시니"(68장)

중심구절

"여호와여 우리를 주께로 돌이키소서 그리하시면 우리가 주께로 돌아가겠사오니 우리의 날들을 다시 새롭게 하사 옛적 같게 하옵소서"(21절).

깊은묵상

친환경적인 모습으로 살아간다는 것은 참 불편한 일입니다. 그래서 '즐거운 불편운동'이라고 부르기도 합니다. 이런 모든 불편을 감수하는 청지기적인 삶을 살기 위해서는 먼저 하나님의 마음에 공감하는 것이 필요합니다. 좋은 청지기가 되려면 먼저 주인의 마음을 잘 읽을 줄 알아야 합니다. 지금 피조 세계를 바라보시는 하나님의 마음이 어떠실까요? 만물을 창조하시고 보시기에 좋았다고 하신 하나님의 마음은 이제 안타까움과 속상함으로 가득하실 것입니다. 또 그 피해를 고스란히 받고 있는 사람들을 보시면서는 불쌍히 여기실 것입니다.

그 하나님의 심정으로 우리는 기꺼이 즐거운 불편을 감수할 수 있어야 합니다. 이러한 친환경적인 모습으로 교회를 바꿔 가고, 교인들이 작은 것이라도 환경을 위해 불편한 삶을 살아간다면, 하나님께서 맡겨 주신 청지기적 사명을 조금이마나 감당하게 될 것입니다. 세상 사람들에게도 친환경적인 교회와 교인의 모습을 보여 주어 복음 전파의 길도 열리게 될 것입니다. 또 지역사회와 선교지에서 친환경적인 방식으로 선교의 길도 열리게 될 것입니다. 즐겁게 불편을 감수하는 친환경적인 모습으로 선교와 전도의 확장을 기대할 수 있을 것입니다.

묵상을 위한 질문 불편하다는 이유로 청지기적인 삶을 등한시하고 있지는 않나요?

기도 하나님의 심정을 가슴에 품고 기꺼이 불편을 감수하게 하소서.

실천 포장 많은 상품 피하기, 계단 이용하기 같은 즐거운 불편을 하나 실천합시다.

사순절 첫째 주

빛으로 오신 예수님

2월 22일(주일)

세상을 비추는 참 빛

본문 | 요한복음 1:5-14　　**찬송** | "온 세상이 캄캄하여서"(84장)

중심구절

"참 빛 곧 세상에 와서 각 사람에게 비추는 빛이 있었나니"(9절).

예수님은 이 땅에 빛으로 오신 분입니다. 그런데 사람들은 그 빛을 알아보지 못했습니다 그리고 그 빛이 없는 사람은 어둠에 다닐 수밖에 없습니다. 밤에 불빛이 없으면 어둠에 다닐 수밖에 없는 것처럼, 영적인 빛이 없으면 세상의 어둠에 헤매며 다닐 수밖에 없는 존재가 바로 우리이기 때문입니다. 세상의 빛으로 오신 예수님을 영접하면, 더 이상 세상의 어둠에 헤매지 않고 진리를 따라 살 수 있습니다.

빛으로 오신 예수님을 믿는 우리에게도 생명의 빛, 생명의 불씨가 있기 때문에 우리도 세상의 빛이 되어야 합니다. 우리는 하나님의 자녀이기 때문에 우리 안에는 세상의 빛으로 오신 예수님이 계시고 그분의 생명의 불씨가 있습니다. 아무리 작은 불씨라고 해도 그 불씨는 언제든지 활활 타오를 수 있습니다. 아무리 작은 등불이라고 할지라도 어두운 세상, 캄캄한 세상에 희망을 보여 주는 등대의 역할을 할 수 있습니다. 우리는 예수님에게로 안내하는 작은 등대의 불빛으로 살아야 할 것입니다.

빛으로 만드신 아름다운 세상

제5일
2월 23일(월)

본문 | 창세기 1:3-5 **찬송** | "아침 해가 돋을 때"(552장)

중심구절

"하나님이 이르시되 빛이 있으라 하시니 빛이 있었고"(3절).

깊은묵상

하나님께서 태초에 천지를 창조하실 때 빛을 제일 먼저 만드시고 온 세상을 비추어 주셨습니다. 그 빛으로 인하여 흑암이 가득하던 세상이 밝아지게 되었습니다. 하지만 태초에 만들어진 빛은 밝게 하는 그 이상의 빛이었습니다. 온 우주 만물을 움직이게 하는 에너지를 만드신 것입니다. 빛으로 온 세상이 살아 움직이게 된 것입니다.

하나님께서는 이 빛을 통해 우리에게 색깔도 선물로 주셨습니다. 수많은 동물과 식물들, 꽃들과 수많은 환경들을 아름다운 색깔로 장식해 주셨습니다. 이 세상에서 색을 보며 기뻐할 수 있는 존재는 사람밖에 없습니다. 하나님께서는 사람을 기쁘게 하기 위해서, 행복하게 하기 위해서 아름다운 색을 만들어 주셨고, 온 세상을 아름다운 색으로 장식해 주셨습니다. 환경 곳곳의 있는 그대로의 색은 그 어떤 보석보다 아름답고, 그 어느 예술작품과도 비교할 수 없는 하나님의 선물입니다. 맑고 푸른 하늘, 새하얀 뭉게구름, 짙푸른 바다색, 계절마다 달라지는 산과 나무들의 초록빛, 온 세상은 총천연색으로 가득 차 있습니다. 이 모든 것이 하나님께서 빛으로 만드신 아름다운 세상입니다.

묵상을 위한 질문 하나님께서 주신 귀한 선물인 색깔을 마음껏 누리고 있나요?

기도 빛으로 총천연색의 세상을 아름답게 만들어 주신 은혜에 늘 감사하게 하소서.

실천 주변에 있는 천연의 색을 감상하며 속사람도 아름답게 가꾸어 봅시다.

제6일
2월 24일(화)

약속으로 주신 무지개 빛

본문 | 창세기 9:8-17 **찬송** | "내 영혼에 햇빛 비치니"(428장)

중심구절

"내가 내 무지개를 구름 속에 두었나니 이것이 나와 세상 사이의 언약의 증거니라" (13절).

깊은묵상

가시광선은 수많은 색의 빛으로 이루어져 있습니다. 백색광인 가시광선을 굴절시켜 보면, 무지개 빛깔로 보이게 됩니다. 무지개는 일곱 색깔만 있는 것이 아닙니다. 셀 수 없이 많은 색들이 연속적으로 이어져 있는 것이 무지개입니다. 무지개만 봐도 참으로 신기하고 아름답고 오묘합니다. 무지개를 보면, 하나님께서는 다채로운 것을 참 좋아하시는 분이라는 것을 느낄 수 있습니다.

무지개는 하나님께서 노아에게 주신 약속의 증거였습니다. 40일 동안 비가 내려서 온 세상이 물에 잠겨 버렸습니다. 그래서 다시 비가 오면 두려움에 떨 사람들에게, 다시는 비가 멸망시키는 홍수가 되지 않을 것이라는 약속으로 주신 것이었습니다.

무지개는 햇빛이 구름 속에 있는 물방울 안에서 굴절되고 반사되어서 만들어집니다. 그래서 무지개는 해가 떠 있는 쪽에서 비가 오는 구름을 향해 서 있을 때 보입니다. 이처럼 하나님의 약속은 하나님 편에 서서 하나님의 시각으로 세상을 볼 때 비로소 우리 눈에 보입니다. 우리도 늘 하나님의 편에 서서 세상을 바라보아야만 무지개와 같은 하나님의 약속이 분명하게 보일 것입니다.

묵상을 위한 질문 무지개를 보듯 하나님의 편에 서서 하나님의 시각으로 세상을 바라보고 있나요?

기도 하나님께서 주신 약속을 붙들고, 세상을 하나님의 시각으로 보게 하소서.

실천 하나님의 시선으로 물멍, 구름멍, 숲멍을 하며 생태적 묵상을 해 봅시다.

제7일
2월 25일(수)

지구의 방어막과 같은 오존층

본문 | 시편 121:1-8 **찬송** | "내 눈을 들어 두루 살피니"(73장)

중심구절

"낮의 해가 너를 상하게 하지 아니하며 밤의 달도 너를 해치지 아니하리로다"(6절).

깊은묵상

태양으로부터 지구로 들어오는 강한 자외선은 우리 몸과 동식물에 해롭습니다. 그래서 하나님께서는 지구의 대기 중에 오존층이라는 것을 만들어 주셨습니다. 오존층은 약 40Km의 두께로 지구 전체를 감싸고 있는데, 에너지가 강해서 해로운 자외선을 막아 주는 역할을 하고 있습니다. 마치 두꺼운 방어막을 쳐 두어서 지구 전체를 보호하는 것 같은 그런 모습입니다. 그런데 오존층에 구멍이 나고 있습니다. 그 원인은 프레온 가스입니다. 프레온 가스는 냉장고나 에어컨에서 냉매로 사용되는 물질로, 우리가 시원하게 살 수 있도록 만든 신물질이었습니다. 이 신물질로 에어컨과 냉장고를 마음껏 사용할 수 있게 된 이들은 너무나도 획기적인 개발이라고 좋아했습니다. 그런데 이 프레온 가스가 하늘로 올라가서 오존층을 파괴할 줄은 몰랐던 것입니다.

하나님께서는 사람과 모든 생태계를 위하여 유익한 빛을 만들어 주시고, 해로운 빛으로부터 보호하기 위해 오존층도 만들어 주셨는데, 사람들이 조금 더 편리하게 살기 위해 만든 프레온 가스가 오존층을 파괴하는 물질이 될 줄은 전혀 몰랐던 것입니다. 사람의 지혜는 하나님의 지혜와는 비교할 수 없다는 것을 프레온 가스의 개발과 오존층 파괴를 통해서도 배울 수 있습니다.

묵상을 위한 질문 도움과 보호를 받기 위해 어디를 바라보고 있나요?

기도 주께 피하오니 낮의 해와 밤의 달도 해치지 않게 지켜 주소서.

실천 내 행동 중에서 이웃과 환경에 주는 피해를 없애 나가도록 생태적 빼기를 해 봅시다.

제8일
2월 26일(목)

영혼의 그림자는 빛 되신 하나님을 등지고 있을 때 보입니다

본문 | 요한계시록 22:1-5　　**찬송** | "내 갈 길 멀고 밤은 깊은데"(379장)

중심구절

"다시 밤이 없겠고 등불과 햇빛이 쓸 데 없으니 이는 주 하나님이 그들에게 비치심이라…"(5절).

깊은묵상

성경에서는 "하나님은 빛이시라"(요일 1:5)고 말씀하고 있습니다. 태초에 만들어진 빛처럼 빛 되신 하나님께서는 우리에게 영적인 힘을 주시고, 영적인 어두움을 몰아내 주시며, 영적인 다채로움도 선물로 주십니다. 천국에는 등불과 햇빛이 필요 없습니다. 왜냐하면, 빛이신 하나님께서 계시기 때문입니다. 그리고 그 하나님의 빛이 충만하기 때문에 그림자도 없습니다(약 1:17).

천국에는 그림자가 없지만 이 땅에는 그림자가 있습니다. 그림자는 해를 등지고 서 있을 때, 우리 눈에 보이는 것입니다. 이 세상에서 우리는 늘 그림자가 따라다니는 삶을 살 수밖에 없습니다. 영적인 그림자도 마찬가지입니다. 우리 눈에 그림자가 보인다는 것은 빛 되신 하나님을 등지고 서 있기 때문입니다. 뒤를 돌아서 빛 되신 하나님을 바라본다면 더 이상 그림자는 보이지 않을 것입니다. 이 세상에 살면서 그림자가 없을 수는 없지만 그림자를 보며 영적으로 어둡게 살 것이 아니라, 빛 되신 하나님을 바라보며 늘 밝게 살면 이 세상에서도 그림자 없는 천국의 삶처럼 살게 될 것입니다.

묵상을 위한 질문 하나님의 빛이 비추어져야 할 내 속의 어둠은 무엇인가요?

기도 내 삶의 어두운 그림자가 드리울 때 빛 되신 하나님을 바라보게 하소서.

실천 내 영혼의 빛을 더욱 밝히고 환경도 지키기 위해 전등은 하나 끕시다.

제9일
2월 27일(금)

우리는 달빛 같은 존재입니다

본문 | 마태복음 5:13-16 **찬송** | "빛의 사자들이여"(502장)

중심구절

"이같이 너희 빛이 사람 앞에 비치게 하여 그들로 너희 착한 행실을 보고 하늘에 계신 너희 아버지께 영광을 돌리게 하라"(16절).

깊은묵상

예수님은 빛 된 사명을 우리에게 위임해 주셨습니다. 우리는 달빛 같은 존재입니다. 태양은 스스로 빛을 만들어 내지만 달은 태양빛을 받아서 비추어 줍니다. 우리는 태양같이 스스로 빛을 만들어 낼 수 있는 존재가 아니라 달처럼 예수님의 빛을 받아서 세상에 비추는 달빛 같은 존재입니다. 달이 온전히 태양을 마주보고 있을 때에는 보름달이 되어서 밝게 비추지만, 태양만 바라보지 않고 다른 곳도 함께 바라보고 있으면 지구를 비추는 달빛은 때로는 반달, 때로는 초승달처럼 그 빛이 줄어들게 됩니다.

우리가 세상에 빛을 비추는 삶을 살아가기 위해서도 온전히 하나님만 바라보며 예수님의 빛이 우리 안에 충만해져야 합니다. 그럴 때 우리도 보름달처럼 환하게 세상을 비출 수 있는 것입니다. 빛의 자녀가 된 우리는 이제 일어나 그 빛을 발하며 살아야 합니다(사 60:1). 어둠으로 가득한 이 세상을 밝게, 따뜻하게, 아름답게 비추며, 우리가 있는 곳을 작은 천국으로 만들어 하나님께 영광 돌리며 살아야 합니다.

묵상을 위한 질문 내가 밝게, 따뜻하게, 아름답게 비추어 줘야 할 곳은 어디인가요?

기도 보름달 같은 사명을 감당하기 위해 하나님의 빛으로 늘 충만하게 하소서.

실천 등불을 말 아래에 두지 않는 것처럼 에너지 효율이 낮은 제품은 쓰지 맙시다.

뜨거워지고 있는 지구

제10일
2월 28일(토)

본문 | 시편 91:1-16 **찬송** | "예수가 거느리시니"(390장)

중심구절

"그가 너를 그의 깃으로 덮으시리니 네가 그의 날개 아래에 피하리로다 그의 진실함은 방패와 손 방패가 되시나니"(4절).

깊은묵상

하나님께서는 사람을 만드시고 에덴동산에서 살게 하셨습니다. 에덴동산은 참 아름답고 살기 좋은 곳이었습니다. 각종 과일나무가 있어서 열매를 마음껏 먹을 수 있도록 해 주셨고, 옷을 입지 않고 살 수 있을 정도로 날씨도 온화했습니다. 그리고 에덴동산과 똑같지는 않아도 지구상의 평균온도를 15도 정도로 살기 좋게 하셨습니다. 그것은 바로 온실효과 때문이었습니다. 지구를 감싸고 있는 대기는 마치 사과를 덮고 있는 사과껍질에 비유될 정도로 매우 얇습니다. 그 대기 안에 하나님께서는 온실효과를 내는 기체들을 채워 주셨습니다.

그런데 이 온실가스가 점점 많아지고 있기 때문에 지구가 계속 더워지고 있는 것입니다. 지구온난화는 단순히 지구의 평균온도가 올라가는 것에 그치지 않고 연쇄적이면서도 총체적인 환경 문제를 일으키고 있습니다. 하나님께서는 모든 피조물이 지구 안에서 온화하게 살 수 있도록 온실효과를 만들어 주셨는데, 사람들이 에너지를 지나치게 사용해서 이제는 환경 재앙으로 다가오고 있습니다. 에너지 사용을 줄이고 지구가 다시 본래대로 살기 좋은 곳이 될 수 있도록 우리 모두가 노력해야 합니다.

묵상을 위한 질문 당연하다고 여겨 감사하지 못하고 있는 은혜는 무엇인가요?

기도 지구를 따뜻하게 덮어 주신 것처럼 주의 날개로 덮으시며 늘 품어 주소서.

실천 탄소 배출을 줄이기 위해 자동차보다는 대중교통 이용과 걷기를 생활화합시다.

사순절 둘째 주

생수이신 성령님

3월 1일(주일)

영원히 목마르지 않는 영생수

본문 | 요한복음 4:1-14　　**찬송** | "목마른 자들아"(526장)

중심구절

"내가 주는 물을 마시는 자는 영원히 목마르지 아니하리니 내가 주는 물은 그 속에서 영생하도록 솟아나는 샘물이 되리라"(14절).

예수님은 사마리아 땅에 있는 '야곱의 우물'에서 사마리아 여인에게 물을 좀 달라고 하시며 영원한 생수, 마시면 영원히 목마르지 않는 물을 주겠다고 말씀하셨습니다(요 4:13-14). 영적인 물에 대해서 가르쳐 주시기 위한 것이었습니다. 또한 "누구든지 목마르거든 내게로 와서 마시라 나를 믿는 자는 성경에 이름과 같이 그 배에서 생수의 강이 흘러나오리라 하시니 이는 그를 믿는 자들이 받을 성령을 가리켜 말씀하신 것이라"고 기록되었습니다(요 7:37-39). 예수님이 말씀하시는 이 물은 바로 성령이라고 가르쳐 주신 것입니다.

우리 육신이 물을 마시지 않으면 일주일 정도밖에 살지 못하는 것처럼 우리의 영혼도 생수이신 성령을 마시지 않으면 죽게 됩니다. 하지만 영혼이란 눈에 보이지 않기에 사람은 그 심각성을 깨닫지 못하고 살아가는 것입니다. 사람은 생수 없이 살 수 없듯이 생수이신 성령으로 거듭나지 않으면 영원히 살 수 없습니다. 매일 물을 마셔야 건강하게 살 수 있듯이 날마다 공급해 주시는 성령의 은혜로 영적인 건강과 활력이 넘치는 삶을 살아야 하겠습니다.

제11일
3월 2일(월)

하나님께서 만드신 생명의 물

본문 | 창세기 1:6-9 **찬송** | "목마른 내 영혼"(309장)

중심구절
"하나님이 궁창을 만드사 궁창 아래의 물과 궁창 위의 물로 나뉘게 하시니 그대로 되니라"(7절).

깊은묵상

지구는 우주에서 보면 아주 푸르게 보입니다. 지구 표면의 4분의 3이 바다로 되어 있기 때문입니다. 물은 사람과 생태계에 없어서는 안 되는 소중한 것입니다. 사람과 생물들은 물을 마시지 않으면 살 수가 없습니다. 하나님께서 물을 만드신 후 하늘 위의 물과 하늘 아래의 물로 나누셨고, 하늘 아래의 물을 한곳으로 모아서 바다라고 부르셨습니다. 지구에 있는 물은 대부분 바닷물입니다.
우리가 마실 수 있는 물은 지구 전체 물의 1%도 안 됩니다. 그것도 오염이 되어서 먹을 수 있는 물이 점점 줄어들고 있습니다. 사람들이 물을 오염시키고 있어서 물속 생물들이 고통을 받고 있습니다. 하나님께서는 물을 만드실 때 물속의 생물을 보호하기 위해서 아주 특별하게 만드시고 물을 사람과 모든 생물들에게 선물로 주셨는데, 사람들이 그 물을 오염시켜서 물속 생물들이 병들어 가고 우리가 마실 물도 점점 줄어들고 있습니다. 태초부터 지금까지 물은 땅과 바다와 하늘 사이를 쉴 새 없이 돌고 있습니다. 하나님께서 만드시고 선물로 주신 물을 아껴 쓰고 깨끗하게 사용해야 우리도 깨끗한 물을 마음껏 마실 수 있고, 우리 후손들에게도 깨끗한 물을 물려줄 수 있습니다.

묵상을 위한 질문 물의 회복과 영적 생수이신 성령의 충만함을 얼마나 바라고 있나요?
기도 사슴이 시냇물을 갈급해 하듯이 하나님을 늘 갈급해 하게 하소서.
실천 물을 많이 마시되 버려지고 낭비되는 물은 없게 합시다.

제12일
3월 3일(화)

물 하나도 세심하게 만드신 하나님

본문 | 시편 104:9-16 **찬송** | "내 주 하나님 넓고 큰 은혜는"(302장)

중심구절

"여호와께서 샘을 골짜기에서 솟아나게 하시고 산 사이에 흐르게 하사"(10절).

깊은묵상

물은 참 신기한 물질입니다. 물의 가장 신기한 성질은 얼음이 되면 물보다 더 가벼워진다는 것입니다. 물을 제외한 다른 모든 물질은 얼면 더 무거워서 가라앉는데, 물은 얼면 더 가벼워져서 물에 뜹니다. 그것은 물이 얼면서 분자들이 서로 결합하는 각도 때문에 물 분자 사이에 공간이 생겨서 부피가 오히려 더 늘어나기 때문입니다. 그래서 얼음의 밀도가 더 작아져 물에 뜨는 것입니다.

얼음이 물에 뜨는 성질은 생태계에 대우 중요한 역할을 합니다. 만약 얼음이 물보다 더 무거워서 가라앉는다면 물은 바닥부터 얼기 시작할 것입니다. 그러면 기온이 영하로 내려갈 때 물속에 있는 식물들이 얼어 죽게 될 것이고 물고기들도 다 죽게 될 것입니다. 그런데 하나님께서는 물의 경우만 얼면 위로 뜨게 하셔서 추워지면 물 위에 언 얼음이 마치 이불처럼 물을 덮어 주게 만드셨습니다. 그래서 물 밖이 아무리 추워도 물속은 얼음이 덮고 있기 때문에 춥지 않습니다. 기온이 내려가면 내려갈수록 얼음이 더 두꺼워지기 때문에 더 두꺼운 이불을 덮어 주듯이 물속에 있는 생물들을 보호해 줍니다. 하나님께서는 물 하나를 만드시더라도 물속 생태계를 보호하기 위해서 이렇게 세심하게 만들어 주신 것입니다.

묵상을 위한 질문 물이 주는 은혜와 물에 담긴 하나님의 사랑이 얼마나 오묘한가요?

기도 물도 세심하게 만드시고 머리털까지도 다 세시는 은혜를 늘 기대하게 하소서.

실천 생수병 대신 텀블러에 물을 담고, 카페에 갈 때도 텀블러를 꼭 챙겨 갑시다.

비의 은혜

제13일
3월 4일(수)

본문 | 요엘 2:21-27　　**찬송** | "빈 들에 마른 풀같이"(183장)

중심구절

"시온의 자녀들아 너희는 너희 하나님 여호와로 말미암아 기뻐하며 즐거워할지어다 그가 너희를 위하여 비를 내리시되 이른 비를 너희에게 적당하게 주시리니 이른 비와 늦은 비가 예전과 같을 것이라"(23절).

깊은묵상

비의 은혜가 있습니다. 파종기와 수확기가 되면 때에 맞게 내리는 비처럼 때에 맞게 부어 주시는 은혜가 바로 이른 비와 늦은 비의 은혜입니다. 이 비의 은혜는 때에 따라 내려 주시는 하나님의 은혜이면서, 또한 구름을 통해 비를 내릴 준비를 하시는 하나님의 은혜를 뜻하기도 합니다. 예비하셨다가 꼭 필요한 때에 꼭 필요한 은혜를 부어 주시는 것이 바로 이 이른 비와 늦은 비의 은혜인 것입니다. 하나님께서 저 높은 곳에서 다 내려다보면서 미리 준비하고 계시다가 은혜를 내려 주시는 것입니다.

비는 수증기가 땅에서 하늘로 올라가 구름으로 형성되고 그 구름에 수분이 쌓이고 쌓이면, 마침내 내리게 됩니다. 마치 우리의 기도가 하늘로 올라가서 쌓이고 쌓여 하나님께서 그 기도에 대한 응답으로, 꼭 필요한 순간에 내려 주시는 은혜와 같습니다. 그러니 비가 오지 않는다고 해서 하나님께서 가만히 계시는 것은 아닙니다. 하나님께서는 구름을 만들 듯이 미리 준비하고 계십니다. 그러니 기도가 쌓여야만 때에 꼭 맞는 은혜가 임한다는 것을 기억하고 끝까지, 은혜 주실 때까지 하늘을 향해 기도를 올려 드려야 합니다.

묵상을 위한 질문 구름에 수분이 쌓여 가듯이 기도를 얼마나 쌓아 가고 있나요?

기도 이른 비와 늦은 비의 은혜처럼 꼭 필요한 때에 꼭 필요한 은혜를 부어 주소서.

실천 교회와 가정에 빗물 탱크를 만들어 청소 용수나 화단 용수로 사용합시다.

이슬의 은혜

제14일
3월 5일(목)

본문 | 호세아 14:4-8 **찬송** | "저 장미꽃 위에 이슬"(442장)

중심구절

"내가 이스라엘에게 이슬과 같으리니 그가 백합화 같이 피겠고 레바논 백향목 같이 뿌리가 박힐 것이라"(5절).

깊은묵상

이슬의 은혜가 있습니다. 양은 많지 않지만 매일매일 부어 주시는 은혜가 바로 이슬의 은혜입니다. 비는 저 하늘의 구름에서 내리는 것이지만 이슬은 우리가 숨쉬고 있는 주변 공기 중에 있는 수증기가 밤사이에 기온이 내려가면서 맺히는 것입니다. 그러나 매일 함께하고 계시는 임마누엘의 하나님께서 베풀어 주시는 은혜, 날마다 한결같이 베풀어 주시는 은혜가 바로 이슬의 은혜입니다.

이슬의 은혜로 우리는 백합화같이 피어날 것이고, 레바논의 백향목같이 뿌리가 박힐 것입니다. 또 그 가지는 퍼져 나가서 그 아름다움은 감람나무 같고 그 향기는 레바논의 백향목 같을 것입니다. 많은 이슬이 내리는 이스라엘의 높은 헐몬산의 눈 녹은 물은 요단강을 이루어서 이스라엘의 온 땅을 적시고, 사람들에게 식수를 제공해 줍니다. 이 헐몬산의 이슬처럼 우리로 인하여 복이 흘러서 주변에 있는 사람들과 하는 모든 일에 하나님의 은총이 가득하게 해야 합니다. 그러면 "헐몬의 이슬이 시온의 산들에 내림 같다"는 말씀처럼(시 133:3) 이슬 같은 하나님의 은혜가 우리와 우리 주변에 늘 가득하게 될 것입니다.

묵상을 위한 질문 내게 이슬같이 날마다 부어 주고 계신 은혜는 무엇인가요?

기도 내가 숨쉬는 공간에 늘 함께하시는 임마누엘 하나님의 은혜를 늘 보게 하소서.

실천 손수건 사용으로 휴지 한 장이라도 아끼며 이슬같이 작은 생태 실천을 합시다.

제15일

3월 6일(금)

에스겔의 환상 속 물

본문 | 에스겔 47:1-12 **찬송** | "강물같이 흐르는 기쁨"(182장)

중심구절

"강 좌우 가에는 각종 먹을 과실나무가 자라서 그 잎이 시들지 아니하며 열매가 끊이지 아니하고 달마다 새 열매를 맺으리니 그 물이 성소를 통하여 나옴이라 그 열매는 먹을 만하고 그 잎사귀는 약 재료가 되리라"(12절).

깊은묵상

이스라엘 백성들이 지녔던 복의 개념은 우리의 생각과 좀 다릅니다. 시편 1편은 '복 있는 사람은'이라고 시작하면서 시냇가에 심은 나무 같은 사람이 복 있는 사람이라고 소개하고 있습니다. 이스라엘 땅은 물이 귀하고 비가 잘 오지 않습니다. 그래서 시냇가에 심긴 나무라야 늘 푸르고 열매를 잘 맺을 수 있습니다. 강으로부터 늘 물을 공급받는 나무처럼 영적인 물을 늘 공급받는 사람이 복 있는 사람이라는 것입니다.

그리고 에스겔에서 영적인 물은 성소로부터 흘러나오는 물이라고 말씀하고 있습니다. 하나님께서 에스겔 선지자에게 환상으로 보여 주신 장면은 성소에서 흘러나온 물이 강 주변의 나무를 무성하게 하며 강과 바다를 되살아나게 하는 것이었습니다. 우리도 성소로부터 흘러나오는 영적인 물을 끊임없이 공급받을 때, 성령의 열매를 풍성히 맺는 시냇가에 심긴 나무와 같아질 것입니다. 그와 같은 복을 누리게 될 것이고, 주변도 되살아나게 하는 복의 통로로서의 역할도 감당하게 될 것입니다.

묵상을 위한 질문 시냇가의 나무처럼 하나님께 심긴 구원의 은혜부터 감사하고 있나요?

기도 나를 통해 은혜의 강물이 흘러 생명이 살아나고 열매가 가득하게 하소서.

실천 물건을 사러 갈 때 장바구니를 들고 가는 등의 생태 루틴을 만듭시다.

제16일
3월 7일(토)

물가에 심은 나무여도

본문 | 예레미야 17:5-8 **찬송** | "나 가나안 땅 귀한 성에"(246장)

중심구절

"그는 물 가에 심어진 나무가 그 뿌리를 강변에 뻗치고 더위가 올지라도 두려워하지 아니하며 그 잎이 청청하며 가무는 해에도 걱정이 없고 결실이 그치지 아니함 같으리라"(8절).

깊은묵상

이스라엘 땅은 물이 귀하기 때문에 아무리 시냇가에 심긴 나무라 할지라도 한쪽이 강이라면, 다른 한쪽은 메마른 광야입니다. 그처럼 우리의 시선이 세상을 향해 있느냐, 은혜의 강물을 향해 있느냐에 따라서 같은 삶의 자리에서도 전혀 다른 영적인 시각을 가지고 살아가게 됩니다. 우리 눈앞에 더위와 가뭄만 보인다면 메마른 땅을 보고 서 있는 것입니다. 그때 뒤를 돌아서 은혜의 강물을 바라보아야 합니다. 아무리 힘들 때라도 하나님께서 주시는 은혜가 반드시 있기 때문입니다. 경제적으로 힘들 때는 돌아보면, 가족이 건강하고 화목하도록 은혜를 주고 계심을 볼 수 있습니다. 일이 잘 안 풀릴 때는 돌아보면, 그래도 도와주는 사람을 보내셔서 위로해 주시는 은혜를 보게 될 것입니다.

뿌리를 강변으로 뻗느냐, 광야로 뻗느냐에 따라서 그 나무의 생명이 좌우되듯이, 우리 마음속 깊은 곳의 뿌리를 광야 같은 세상을 향해 뻗을 것이 아니라 은혜의 강물 쪽으로 늘 뻗어야 합니다. 우리 내면이 세상을 향해 뻗어 있다면 메말라 갈 수밖에 없지만 늘 마음의 뿌리를 강변으로 뻗어서 영혼의 생수를 공급받는다면 시냇가에 심긴 나무의 복을 받습니다. 그리하여 늘 잎이 청청하고 때마다 결실하는 삶을 살게 될 것입니다.

묵상을 위한 질문 내 마음속 깊은 곳에 있는 영혼의 뿌리는 어디를 향하고 있나요?

기도 더위와 가뭄이 올지라도 하나님께서 부어 주시는 은혜의 강물을 보게 하소서.

실천 식수가 부족한 곳에 우물 파기 헌금을 보내 하나님의 사랑을 전합시다.

사순절 셋째 주

땅을 창조하신 하나님

3월 8일(주일)

생명의 떡이신 예수님

본문 | 요한복음 6:22-35 **찬송** | "오 나의 주님 친히 뵈오니"(228장)

중심구절

"예수께서 이르시되 나는 생명의 떡이니 내게 오는 자는 결코 주리지 아니할 터이요 나를 믿는 자는 영원히 목마르지 아니하리라"(35절).

예수님은 말씀을 들으러 온 사람들이 먹을 것이 없어 기진했을 때, 빈들에서 보리떡 다섯 개와 생선 두 마리로 성인 남자만 오천 명이 넘는 사람들을 먹이셨습니다. 하지만 이튿날 예수님을 다시 찾아온 사람들에게는 먹을 것을 더 이상 주지 않으시고, 예수님 자신이 생명의 떡이며 예수께 오는 자는 결코 배고프지 않을 것이라고 말씀해 주셨습니다(요 6:35). 이제는 육적인 양식이 아니라 영적인 양식을 그들에게 주고 싶으셨던 것입니다.

예수님은 생명의 떡으로 이 땅에 오셨습니다. 우리가 그 떡을 먹고 영생을 얻게 하시려 십자가에서 살이 찢기시고, 피를 흘리심으로 우리에게 생명의 떡이 되어 주셨습니다. 이 은혜를 누리려면 우리는 생명의 떡이신 예수님을 만나처럼 매일 먹어야 합니다. 예수님의 살을 먹듯이 말씀을 먹어야 하고, 예수님의 피를 마시듯이 말씀을 마셔야 합니다.

더 이상 육적인 양식에만 매여 있는 삶을 살지 말고 생명의 떡이신 예수님을 먹고 마심으로 영생의 능력을 늘 경험해야 합니다. 세상에 살지만 세상의 것에 매이지 않으며 영생의 떡을 가진 자로 예수님의 사랑을 늘 누리며 살아야 합니다.

제17일
3월 9일(월)

모든 생명에게 소중한 땅

본문 | 창세기 1:9-13 **찬송** | "허락하신 새 땅에"(347장)

중심구절
"하나님이 이르시되 천하의 물이 한 곳으로 모이고 뭍이 드러나라 하시니 그대로 되니라"(9절).

깊은묵상

태초에 하나님께서 물을 한곳으로 모으시고 땅이 드러나게 하셨습니다. 땅을 창조하신 것입니다. 땅에는 흙만 있는 것이 아니라 수많은 종류의 무생물들과 생물들이 함께 있습니다. 하나님께서는 땅을 창조하시고 땅 속에 다양한 생명체들로 가득 차 있게 하신 것입니다. 또 그 땅을 통해서 식물들이 자라고 동물들이 먹을 것과 살 곳을 얻게 해 주셨습니다. 그래서 땅과 흙은 공기와 물처럼 생명체와 생태계에 아주 소중한 것입니다.
흙은 사람에게도 매우 중요합니다. 하나님께서는 비옥한 땅을 주셔서 사람들이 먹을 채소와 곡식과 과일이 자라나게 하셨습니다. 또 땅은 입을 거리와 살 집의 터와 재료도 제공해 줍니다. 아름다운 녹지를 만들어 가축을 기르고 쉴 수도 있게 해 주셨습니다.
땅은 우리에게 의식주를 해결해 주기에 그 소중함을 직접 느끼게 할 뿐 아니라, 산과 들을 보며 아름다움과 기쁨을 경험하게 하기 때문에 경제적으로는 따질 수 없을 만큼 소중합니다. 땅을 통해 수많은 식물과 동물들이 물을 얻고 영양분을 공급받으며 서로 돕고 사는 터전을 마련하고 있습니다. 그러니 땅과 흙은 사람과 동식물에게 얼마나 소중한지 모릅니다.

묵상을 위한 질문 나에게 허락하신 땅에서 선한 영향력을 끼치고 있나요?
기도 세상 모든 생명에게 소중한 땅처럼, 생명을 품고 살리는 삶을 살게 하소서.
실천 흙이 있는 공간을 위해 텃밭이나 화분을 마련해 봅시다.

제18일
3월 10일(화)

같은 토양이지만 결실이 다른 마음 밭

본문 | 마태복음 13:1-23 **찬송** | "논밭에 오곡백과"(590장)

중심구절

"더러는 좋은 땅에 떨어지매 어떤 것은 백 배, 어떤 것은 육십 배, 어떤 것은 삼십 배의 결실을 하였느니라"(8절).

깊은묵상

예수님은 우리에게 땅을 비유로 가르쳐 주셨습니다. 이 비유의 말씀에서 예수님은 네 가지 땅의 토질이 다르기 때문에 결실을 다르게 맺는다고 말씀하지 않으셨습니다. 똑같은 토양이라고 할지라도 그것이 완악하고 딱딱하게 굳어져 있는 길가의 땅이라면 뿌려진 씨가 뿌리를 내리기도 전에 새가 와서 먹어 버리고, 돌로 가득한 땅은 흙이 얕기 때문에 싹은 나오지만 뿌리가 약해서 금세 말라 버리고, 가시떨기가 가득한 땅은 세상의 염려와 재물의 유혹으로 인해서 제대로 결실하지 못합니다. 부드럽게 기경되어 있고, 돌도 가시떨기도 없는 땅은 삼십 배, 육십 배, 백 배의 결실을 맺는다고 말씀하셨습니다.

하나님께서는 우리의 영적인 마음의 땅도 얼마든지 결실할 수 있는 기름지고 좋은 토양으로 가득 채워 주셨는데, 그 마음의 땅을 기경하지 않고 딱딱하게 만들어 버리고, 돌과 가시떨기로 가득 차게 해서 결실하지 못하고 있는 것이라고 가르쳐 주신 것입니다. 하나님께서 선물로 주신 환경으로서의 땅도 오염되지 않도록 잘 보호할 뿐 아니라, 우리 마음의 밭도 잘 가꾸어서 말씀의 씨앗을 받아 삼십 배, 육십 배, 백 배의 결실을 맺는 좋은 땅이 되어야 할 것입니다.

묵상을 위한 질문 지금 내 마음의 밭은 어떤 상태인가요?

기도 환경으로서의 땅도, 내 마음의 밭도 잘 가꾸어 결실의 기쁨이 있게 하소서.

실천 비닐보다 종이 포장으로, 그리고 비코팅 종이를 사용함으로 땅을 지킵시다.

제19일
3월 11일(수)

하나님께서 주신 에덴 땅, 바벨탑을 쌓은 시날 땅

본문 | 창세기 2:4-9　　**찬송** | "삼천리 반도 금수강산"(580장)

중심구절

"여호와 하나님이 동방의 에덴에 동산을 창설하시고 그 지으신 사람을 거기 두시니라"(8절).

깊은묵상

하나님께서 땅을 창조하시고 사람에게 살게 하신 첫 번째 땅의 이름은 에덴입니다. 에덴은 '기쁨'이라는 뜻입니다. 우리가 땅에서 기쁨을 누리며 살기를 바라시는 하나님의 뜻이 담겨 있는 이름입니다. 노아의 홍수 이후에 사람들이 동방으로 옮겨가다가 만난 땅은 시날 평지였습니다. 매우 비옥한 땅을 하나님께서 허락하셨습니다. 그런데 그 땅에서 사람들이 한 일은 바벨탑을 쌓는 것이었습니다.

하나님께서는 우리에게 기쁨과 풍요의 땅을 허락하셨지만 우리의 욕심과 교만으로 그 땅을 가시덤불과 엉겅퀴가 가득한 땅, 돌이 가득한 땅으로 만들어 버렸습니다. 하지만 하나님께서는 언제나 우리를 하나님을 바라보며 살 수 있는 믿음의 땅으로 인도해 주십니다. 믿음의 조상 아브라함을 택하시고, 그분의 백성에게 주신 약속의 땅이 바로 젖과 꿀이 흐르는 땅이었습니다.

하나님께서 우리에게 주기를 원하시는 은혜는 그 땅의 아름다움과 풍요로움이 회복되는 것입니다. 하나님께서는 우리의 영적인 땅도 회복시키길 원하시며, 우리 모두를 은혜의 땅으로 인도하길 원하신다는 것을 기억하고 감사해야 합니다.

묵상을 위한 질문 하나님께서 주신 이곳에서 '에덴'과 같은 기쁨을 누리고 있나요?

기도 욕심과 교만이 아니라 늘 기쁨과 풍요가 가득하게 하소서.

실천 먹을 것이 부족하여 땅의 기쁨을 누리지 못하는 곳에 한 끼 금식 헌금을 보냅시다.

욕심으로 혹사시킨 땅

제20일
3월 12일(목)

본문 | 창세기 3:16-24 **찬송** | "넓은 들에 익은 곡식"(589장)

중심구절

"여호와 하나님이 에덴 동산에서 그를 내보내어 그의 근원이 된 땅을 갈게 하시니라" (23절).

깊은묵상

사람들은 오랜 기간 환경의 순리대로 농사를 짓고 가축을 길러서 양식을 마련했습니다. 그런데 1940년대에 들어서 더 많은 수확을 얻기 위해 새로운 품종을 개발하고 화학비료와 농약을 만들어 사용하기 시작했습니다. 수확이 획기적으로 늘어나서 '녹색혁명'이라고 부를 정도였습니다.

하지만 그 기대는 얼마 가지 않았습니다. 새로운 품종들은 환경에 대한 저항력이 약하고 병충해에 취약해서 농약과 화학비료의 힘으로만 자라야 했습니다. 그리고 그 피해는 고스란히 사람들에게 돌아오게 되었습니다. 사람의 체내에 들어온 농약들은 암을 일으키며 여러 가지 병의 원인이 되고 있습니다. 화학비료도 강이나 호수로 흘러 들어가서 수질오염을 일으키고 있습니다.

하나님께서는 땅과 생태계 속에 이미 곡식과 과일들이 잘 자랄 수 있도록 필요한 모든 것을 준비해 두셨습니다. 사람들은 욕심으로 더 많은 수확을 얻고자 했던 것입니다. 농약과 화학비료를 사용하여 땅으로 하여금 곡식을 무조건 많이 생산하도록 강요하고 혹사시켰던 것입니다. 인간의 욕심이 땅을 혹사시키고 있는 것입니다.

묵상을 위한 질문 욕심 때문에 놓치고 있는 은혜는 없나요?

기도 주신 것에 감사하며 내 욕심을 채우기 위해 남에게 피해 주지 않게 하소서.

실천 제철 · 친환경 · 지역 농축산물을 먹읍시다.

꽃을 넘어 열매 맺는 신앙

제21일
3월 13일(금)

본문 | 요한복음 15:1-16 **찬송** | "새벽부터 우리"(496장)

중심구절

"너희가 열매를 많이 맺으면 내 아버지께서 영광을 받으실 것이요 너희는 내 제자가 되리라"(8절).

깊은묵상

예수님은 열매 맺는 자라야 예수님의 제자가 될 것이라고 분명하게 말씀하셨습니다. 내 인생의 꽃을 주님 앞에 내려놓고 열매 맺음으로 주님의 참된 제자가 되어야 합니다. 그래야 세상도 우리의 선한 행위의 열매를 통해서 하나님의 영광을 볼 것이며, 우리를 비로소 예수님의 참 제자로 인정하게 될 것입니다.

이때 우리가 기억해야 할 것은 그 열매가 분명 하나님의 영광을 위한 것이지만 그것으로 끝이 아니라는 사실입니다. 그 열매가 우리에게 항상 있게 하여 아버지의 이름으로 구하는 우리의 모든 간구를 다 들어 응답해 주시겠다고 예수님이 약속하셨기 때문입니다(요 15:16).

우리의 열매로 받으신 영광은 우리가 구하는 모든 간구를 들어주시는 은혜로 돌아올 것입니다. 우리 삶의 열매를 통해 참 제자가 되고, 그 열매에 합당한 보상과 행위의 열매대로 보응하시는 하나님의 은혜도 함께 받아 누리게 될 것입니다.

묵상을 위한 질문 나를 통해 하나님께서 영광 받으실 만한 열매는 무엇일까요?

기도 열매로 예수님의 참 제자가 되고, 그 열매대로 보응하시는 은혜도 누리게 하소서.

실천 공정무역 소비로 먼 나라 약자들의 눈물을 기억하는 사랑을 실천합시다.

맛이 조화로워야 하는 성령의 열매

제22일
3월 14일(토)

본문 | 갈라디아서 5:16-26 **찬송** | "내가 매일 기쁘게"(191장)

중심구절

"오직 성령의 열매는 사랑과 희락과 화평과 오래 참음과 자비와 양선과 충성과 온유와 절제니 이같은 것을 금지할 법이 없느니라"(22-23절).

깊은묵상

성경에는 나무의 열매뿐 아니라 우리의 열매도 이야기하고 있습니다. 신앙의 열매를 이야기할 때 빼놓을 수 없는 것이 바로 성령의 열매입니다. 성령의 열매라는 헬라어 단어는 단수로 되어 있습니다. 성령의 열매는 그 종류가 아홉 가지가 아니라, 하나의 성령의 열매에서 아홉 가지 맛이 난다는 것으로 이해할 수 있습니다. 성령의 열매는 오미자가 아니라 구미자인 것입니다. 같은 열매라 할지라도 신맛이 더 나거나, 단맛이 더 날 수도 있지만 그 맛은 다 들어 있습니다. 그처럼 성령의 열매에는 이 아홉 가지의 맛이 다 들어 있어야 합니다.

열매는 겉모습으로 평가 받지 않습니다. 맛으로 평가 받습니다. 그리고 그 맛이 오묘하게 잘 어우러져 있는 열매가 더 상급의 열매입니다. 어느 한 가지의 맛이 더 두드러지는 것은 그리 좋은 열매가 아닙니다. 열매의 수준은 맛의 강도뿐 아니라 그 맛들의 조화에 달려 있기 때문입니다. 사랑과 희락과 화평과 오래 참음과 자비와 양선과 충성과 온유와 절제, 이 아홉 가지의 모습이 잘 조화를 이루는 열매 맺기를 소망합시다. 우리 모두 하나님께서 영광 받으시도록 잘 익은 최상급의 성령의 열매를 맺으며 살아갑시다.

묵상을 위한 질문 내 성령의 열매에서 더욱 무르익어야 하는 맛은 무엇일까요?

기도 내 믿음의 모습과 삶의 모습이 잘 익은 열매처럼 하나님을 흡족하게 하도록 하소서.

실천 쓰지 않는 물품을 먼저 내어놓음으로 공동체의 아나바다운동을 이끌어 봅시다.

사순절 넷째 주

자원과 감각을 창조하신 하나님

3월 15일(주일)

영적인 에너지, 사랑

본문 | 고린도전서 13:1-13 **찬송** | "사랑하는 주님 앞에"(220장)

중심구절

"그런즉 믿음, 소망, 사랑, 이 세 가지는 항상 있을 것인데 그 중의 제일은 사랑이라"(13절).

생태계가 유지되려면 에너지가 필요하듯이 우리 삶에도 영적인 에너지가 필요합니다. 믿음, 소망, 사랑 중의 제일은 사랑이라는 말씀은 영적인 에너지 중에 제일은 바로 사랑이라는 뜻입니다. 하나님께서 이 세상을 구원하시는 영적인 에너지가 바로 사랑이기 때문입니다.

그 사랑의 크기는 예수님이 하늘 보좌에서 내려와 이 땅에 오신 만큼의 크기입니다. 하나님께서 우리에게 주시고자 하는 자리는 하나님 자녀의 자리인데, 그 높은 곳은 우리 스스로의 힘으로는 오를 수 없습니다. 예수님이 이 땅에 오신 것은 그 분이 사랑하시는 우리들이 그 높으신 보좌의 영적인 위치 에너지를 힘입어서 하나님의 보좌 앞까지 오르는 구원의 능력을 얻게 하고, 세상을 이기며 사는 자녀의 권세를 주시기 위함이었습니다.

예수님은 우리에게 "서로 사랑하라"는 새 계명을 주셨습니다. 이는 우리 믿는 사람들의 영적인 에너지가 바로 사랑이기 때문입니다. 우리도 예수님의 사랑을 본받아 그 사랑의 능력으로 하나님도 사랑하고 이웃도 사랑하여, 온 세상이 사랑이라는 영적인 에너지로 가득차도록 만들어야 합니다.

제23일
3월 16일(월)

하나님께서 숨겨 두신 보물, 천연 자원

본문 | 창세기 2:10-14　　**찬송** | "세상 모든 풍파 너를 흔들어"(429장)

중심구절

"그 땅의 금은 순금이요 그 곳에는 베델리엄과 호마노도 있으며"(12절).

깊은묵상

하나님께서 온 땅에 천연자원들을 묻어 두셨습니다. 땅을 정복하라는 말씀은 땅속에 숨겨 두신 자원이 많기 때문입니다. 에덴동산 주변에 있는 하윌라 땅에는 금과 진주와 호마노를 두셨습니다. 가인의 자손인 두발가인은 구리와 쇠로 여러 가지 기구를 만들었습니다. 하나님께서는 이렇게 천연자원을 예비해 두셔서 사람들이 그것들을 이용하여 더욱 발전된 문명을 이루게 하셨습니다. 이 천연자원을 이용해 농기구를 만들고 예술품과 장식품들을 만들며 더 풍요롭고 아름다운 삶을 누릴 수 있게 하셨습니다.

지금은 이 자원들을 여러 산업의 원료로 사용하고 있습니다. 하지만 자원은 한정되어 있습니다. 과소비와 사치가 자원을 낭비하게 만들어서 자원들이 더 빨리 고갈되고 있습니다. 자원을 낭비하며 함부로 버리는 것은 마치 돈을 그냥 쓰레기통에 버리고 땅에 묻어 버리는 것과 같습니다. 돈을 버리는 것은 어리석은 일이듯이 자원을 낭비하는 것도 어리석은 일입니다. 하나님께서 주신 자원을 지혜롭게 잘 사용하고 아껴 써서 오래오래 쓸 수 있도록 해야 합니다.

묵상을 위한 질문 하나님보다 더 사랑하고 있는 영적인 사치와 과소비는 없나요?

기도 주신 것에 늘 만족하며 풍부에도 궁핍에도 처할 줄 아는 비결을 알게 하소서.

실천 불편해도 일회용품을 자제하고 리필제품을 구매하며 생태적 절제의 삶을 삽시다.

제24일
3월 17일(화)

반석에서 내 주신 기름, 석유

본문 | 창세기 1:14-19 **찬송** | "빛나고 높은 보좌와"(27장)

중심구절
"또 광명체들이 하늘의 궁창에 있어 땅을 비추라 하시니 그대로 되니라"(15절).

깊은묵상

태초에 하나님께서는 태양을 만들어 주셨습니다. 태양 에너지는 모든 식물과 동물, 만물의 에너지원입니다. 모든 생태계는 이 태양 에너지만으로도 필요한 모든 에너지를 공급받는 데 부족함이 없습니다. 그런데 인간은 특히 산업혁명 이후에 점점 더 많은 에너지를 사용하게 되었습니다. 하나님께서는 그런 필요를 미리 아시고 막대한 에너지자원을 땅속 깊은 곳에 준비해 주셨습니다.

석유(石油)는 하나님께서 반석에서 내 주신 물처럼 반석에서 나오는 기름입니다. 하나님께서 땅속의 반석 아래에 에너지자원을 이렇게 준비해 주시지 않았다면 지금과 같은 발전을 이룰 수 없었을 것입니다. 그런데 에너지자원들은 한정되어 있습니다. 인간의 에너지자원 사용 속도보다 천연 에너지자원이 만들어지는 속도는 너무 느리기 때문에 결국 에너지자원의 고갈이 우리 앞에 닥칠 것입니다. 석유와 같은 화석연료를 사용할 때 대기오염이나 지구온난화 같은 환경문제도 발생하지만, 그것보다 더 큰 문제가 바로 화석연료의 고갈입니다. 석유는 수많은 화학 제품의 원료도 제공해 주기 때문에, 석유의 고갈은 에너지자원의 부족 문제와 더불어서 화학 산업의 원료 부족 문제도 함께 가져올 것입니다. 오늘 내가 사용하는 에너지를 돌아보며, 자원을 아끼고 절제하는 삶을 살아갑시다.

묵상을 위한 질문 내가 더욱 힘을 내고 열정을 쏟아야 할 곳은 어디인가요?
기도 제게 있는 한계를 주께 온전히 맡겨 드리오니 하나님의 능력으로 도와주소서.
실천 교회와 가정에서 낭비되는 에너지를 찾아 줄여 가고 해결합시다.

제25일
3월 18일(수)

영적인 보물로 주신 은사

본문 | 고린도전서 12:4-11 **찬송** | "성령의 은사를"(196장)

중심구절

"이 모든 일은 같은 한 성령이 행하사 그의 뜻대로 각 사람에게 나누어 주시는 것이니라"(11절).

깊은묵상

하나님께서는 천연자원들을 땅에 묻어 두신 것처럼 우리에게도 영적인 자원을 주셨습니다. 지혜의 말씀, 지식의 말씀, 믿음, 병 고침, 능력 행함, 예언, 영분별, 방언, 방언 통역과 같은 영적인 자원인 은사들을 우리에게 주셨다고 말씀합니다. 은사에는 태어날 때부터 하나님께서 주신 것도 있고, 하나님께 구하면서 계속 만들어 갈 수 있는 은사도 있습니다. 은사는 내가 돋보이고 자랑하라고 주신 것이 아닙니다. 남을 섬기고 교회에 유익이 되게 하려고 주신 것입니다.

그러므로 "각각 은사를 받은 대로 하나님의 여러 가지 은혜를 맡은 선한 청지기같이 서로 봉사하라"(벧전 4:10)고 말씀하고 있습니다. 예언은 믿음의 분수대로, 섬기는 자는 섬기는 일로, 가르치는 자는 가르치는 일로, 위로하는 자는 위로하는 일로, 구제하는 자는 성실함으로, 다스리는 자는 부지런함으로, 긍휼을 베푸는 자는 즐거움으로 하라고 사도 바울은 권면하고 있습니다(롬 12:6-8). 이처럼 우리는 하나님께서 기뻐하시는 방법과, 선한 청지기의 자세로 남을 위해, 교회를 위해 은사를 사용해야 합니다.

묵상을 위한 질문 주신 재능과 은사를 교회와 이웃을 위해 잘 사용하고 있나요?

기도 은사로 공동체를 세워 가게 하시고 신령한 은사의 복도 누리게 하소서.

실천 하나님께서 주신 재능을 기부함으로 기쁨을 누리고, 하나님의 사랑도 전합시다.

제26일
3월 19일(목)

보석 같은 우리 자녀들

본문 | 시편 139:13-18 **찬송** | "예수께서 오실 때에"(564장)

중심구절

"내가 주께 감사하옴은 나를 지으심이 심히 기묘하심이라 주께서 하시는 일이 기이함을 내 영혼이 잘 아나이다"(14절).

깊은묵상

요한계시록에서 묘사된 새 예루살렘 성곽의 열두 기초석에는 홍보석과 청옥이 포함되어 있습니다. 이것은 각각 루비와 사파이어인데, 두 보석의 주성분은 산화 알루미늄입니다. 산화 알루미늄은 흙 속에 매우 흔한 물질이고, 색깔도 없이 투명합니다. 그런데 거기에 크롬이 불순물로 들어가면 빨간색을 띠게 되고, 루비라는 보석이 됩니다. 사파이어도 마찬가지입니다. 사파이어의 파란색은 산화 알루미늄 속에 들어가 있는 불순물인 철과 티타늄 때문입니다. 적당히 들어간 불순물 때문에 평범한 돌이 아름다운 보석으로 변화되는 것입니다.

우리 자녀들이 남들과 똑같이 자라면 값진 보석이 될 수 없습니다. 남들과 다르게 자라야 합니다. 아이의 고유한 점이 그 아이를 루비로 만들 수도 있고, 사파이어로 만들 수도 있습니다. 남과 다른 그 점이 바로 가장 아름다운 보석이 되게 하려고 나의 자녀에게만 주신 하나님의 선물입니다. 보석이 만들어질 때, 아름다운 빛깔을 내기 위해서 불순물이 들어가듯이 남과 다른 점들을 넣어 주신 것입니다. 그것을 부모가 함께 발견해 주고 잘 계발될 수 있도록 도와줄 때, 작은 불순물로 인해서 보석의 빛깔이 아름다워지듯이 자녀들도 아름답게 빛나게 될 것입니다.

묵상을 위한 질문 나와 자녀들 각자에게만 특별하게 주신 것은 무엇인가요?

기도 남과 다른 것에 열등감을 느끼는 것이 아니라 특별한 선물임을 알게 하소서.

실천 못난이 과일, 리퍼브 · 중고 제품 구매로 거듭남의 은혜를 삶으로 이어 가 봅시다.

하나님께서 주신 소리의 선물

제27일
3월 20일(금)

본문 | 시편 148:1-14 **찬송** | "찬송하는 소리 있어"(19장)

중심구절

"여호와의 이름을 찬양할지어다 그의 이름이 홀로 높으시며 그의 영광이 땅과 하늘 위에 뛰어나심이로다"(13절).

깊은묵상

하나님께서 만드신 소리는 다 아름답습니다. 산이나 숲속, 야외로 나가면 들려오는 새소리와 풀벌레 소리, 바람에 흔들리는 나뭇잎 소리, 졸졸 흐르는 시냇물 소리, 파도 소리와 폭포 소리는 마치 하나님을 찬양하는 아름다운 교향악 같습니다. 하나님께서 소리를 만드신 것은 모든 피조물의 조화로운 소리를 통해 찬양받고 싶으시기 때문입니다. 거기에 더해서 사람들에게는 노래하고 음악을 만드는 능력까지 주셨습니다. 사람들은 아주 오래전부터 악기를 연주하며 노래를 불렀습니다. 다윗 왕도 수금을 잘 탔고 수많은 시편의 노래들을 지은 음악가였습니다.

자연의 소리와 음악은 사람들을 편안하게 해 주고 기쁨을 줍니다. 질병을 치유하거나 예방하는 데도 많은 효과가 있습니다. 다윗이 수금을 연주해서 사울 왕의 악령을 떠나게 하는 장면이 성경에 나옵니다(삼상 16:23). 다윗은 음악 치료사이기도 했던 것입니다. 좋은 음악을 들으면 식물도 잘 자라고 동물도 잘 자랍니다. 그래서 농작물을 키우거나 가축을 기를 때 클래식 같은 편안한 음악을 틀어 주면서 좋은 열매를 맺게 하고, 좋은 고기와 우유, 계란을 얻는 농가들도 있습니다. 우리도 삶 속에서 소리의 은혜에 감사하며 그것을 누릴 줄 알아야 합니다.

묵상을 위한 질문 내 입술은 하나님과 주변 사람을 얼마나 기쁘게 하고 있나요?

기도 하나님께 늘 감사하며, 이웃을 칭찬과 격려로 세우고 살리는 사명을 잘 감당하게 하소서.

실천 만나는 사람과 환경에게 '사미고'(사랑해요, 미안해요, 고마워요.)하며, 소음은 줄입시다.

제28일
3월 21일(토)

하나님께서 주신 향기의 선물

본문 | 고린도후서 2:12-17 **찬송** | "샤론의 꽃 예수"(89장)

중심구절

"우리는 구원 받는 자들에게나 망하는 자들에게나 하나님 앞에서 그리스도의 향기니"(15절).

깊은묵상

하나님께서는 우리를 위해 향기를 만들어 주셨습니다. 음식에 맛있는 냄새가 있고, 꽃에 향기가 있고, 풀 내음이 있고, 바다 내음이 있고, 흙 내음, 비 내음이 있습니다. 하나님께서는 향기 같은 세밀한 것까지 만들어 주셔서 우리가 더욱 풍성하게 살기를 원하셨습니다. 맛과 향기를 즐기는 것은 하나님께서 허락하신 행복입니다. 향기는 하나님께서 우리에게 주신 아주 특별한 선물입니다. 우리는 향기를 창조해 주시고 선물로 주신 것에 감사할 수 있어야 합니다.

봄에 피는 꽃들의 향기, 가을에 풍성한 과일들의 향기, 맛있는 음식에서 나는 음식 냄새와 같은 향기들은 우리를 기쁘게 하고 풍요롭게 해 줍니다. 좋은 향기는 사람들을 즐겁게 할 뿐 아니라 마음과 정신까지 편안하게 해 줍니다. 하나님께서는 생태계 안에 아름다운 향기들을 많이 만들어 주셨습니다. 그러나 사람들은 그런 향기를 즐거워하고 누리기보다 오히려 악취를 만들어 내는 경우가 많습니다. 악취가 아니라 늘 아름다운 향기만 퍼져 나가게 한다면 이 세상은 더욱 웃는 일이 많아지고 행복한 곳이 될 것입니다.

묵상을 위한 질문 내 말과 행동과 삶에서 어떤 향기가 나고 있을까요?

기도 내 삶의 모든 곳에 그리스도의 향기가 가득하게 하소서.

실천 냄새를 없애기 위해 가전제품보다 숯이나 초, 공기정화 식물을 집에 둡시다.

사순절 다섯째 주

인간과 동식물을 창조하신 하나님

3월 22일(주일)

나의 목자이신 하나님

본문 | 시편 23:1-6　　　**찬송** | "주는 나를 기르시는 목자"(570장)

중심구절

"여호와는 나의 목자시니 내게 부족함이 없으리로다"(1절).

양은 매우 연약한 동물입니다. 자신을 지킬 수 있는 힘도 없고, 먹이를 구하거나 쉴 만한 곳을 찾을 능력도 없습니다. 그래서 목자의 세밀한 보살핌과 인도가 필요한 동물입니다. 우리 인간들도 영적으로는 너무나 연약하고, 가야 할 길을 제대로 찾지 못하는 존재이기 때문에 세밀한 영적 보살핌과 바른 인도가 필요합니다.

시편 23편에서 다윗은 하나님께서 양 무리의 목자가 아니라 '나의 목자'라고 고백했습니다. 하나님께서는 나를 너무나 잘 아시고, 나의 필요를 채워 주시며, 나에게 꼭 맞는 길로 늘 인도하시고, 나와 함께하시며, 나를 지키시고 보호하실 뿐 아니라 특별하게 여기시고, 귀하게 대해 주시는 분이라는 것입니다.

하나님께서는 우리 모두에게 '나의 목자'가 되어 주십니다. 하나님께서는 우리가 양들처럼 딴 길로 갈 때 바른길로 가도록 영적인 지팡이로 지켜 주셨고, 악한 영들이 공격해 올 때 영적인 막대기로 악한 세력들을 물리쳐 주셨습니다. 지금까지 잘 지내 온 것은 다 나의 목자 되신 하나님의 보호하심과 지켜 주심 덕분입니다.

제29일
3월 23일(월)

하나님의 형상을 따라 지음 받은 유일한 존재

본문 | 창세기 1:26-28　　**찬송** | "주 예수 내 맘에 들어와"(289장)

중심구절

"하나님이 자기 형상 곧 하나님의 형상대로 사람을 창조하시되 남자와 여자를 창조하시고"(27절).

깊은묵상

하나님께서는 창조 6일째에 땅 위의 동물들을 만드시고 사람을 만드셨습니다. 사람과 동물은 흙으로 만들어졌으니 공통점이 있기는 하지만 엄청난 차이점을 가지고 있습니다. 사람을 만드실 때, 하나님의 형상을 따라 하나님의 형상대로 만드시고 코에 특별히 하나님의 생기를 불어넣어 주셨기 때문입니다. 사람에게만 '영'이 있습니다. 그래서 사람들은 예부터 항상 무엇인가를 숭배해 왔습니다. 영적인 존재이기 때문입니다. 하지만 사람들이 예배드려야 할 분은 온 우주만물을 만드신 하나님 한 분밖에 없습니다.

사람의 DNA가 원숭이의 DNA와 아무리 비슷해도 똑같지 않습니다. 생물체의 구성성분과 아무리 비슷하게 만들어도 무생물체는 생물체와 전혀 다른 존재입니다. 생명이 없기 때문입니다. 이처럼 사람과 동물은 영의 유무에 따라 전혀 다른 존재입니다. 사람은 하나님의 형상과 모습을 따라 만들어진 영적인 존재이기 때문에 완전히 다른 피조물입니다. 우리를 아주 특별한 영적인 존재로 만들어 주셨으니 영으로 하나님께 예배드리고, 하나님께서 주신 지혜로 그분이 기뻐하시는 창조적인 일을 하며, 이웃을 섬기고 은혜와 복을 나누는 삶을 살아야 할 것입니다.

묵상을 위한 질문 하나님의 형상을 따라 만들어진 존재로서 존귀함을 잘 누리고 있나요?

기도 하나님을 영으로 예배하고 악한 영에 미혹되지 않게 하소서.

실천 룻과 같은 이주노동자와 결혼이주여성들을 하나님의 형상대로 지음받은 존귀한 존재로 바라봅시다.

제30일
3월 24일(화)

하나님께서 주신 지혜로 만든 해로운 것들

본문 | 야고보서 3:13-18 **찬송** | "내 맘의 주여 소망되소서"(484장)

중심구절

"오직 위로부터 난 지혜는 첫째 성결하고 다음에 화평하고 관용하고 양순하며 긍휼과 선한 열매가 가득하고 편견과 거짓이 없나니"(17절).

깊은묵상

사람에게는 하나님께서 주신 지혜가 있습니다. 동물들도 본능적인 행동과 생각은 가능하지만 사람의 지혜와는 비교할 수 없습니다. 물론, 동물들의 세계에서도 뛰어나고 오묘한 행동을 볼 수 있습니다. 사람보다 뛰어난 능력을 가진 경우도 있습니다. 그러나 그것은 동물이 뛰어난 것이 아니라 그 능력을 부여해 주신 하나님의 섭리가 오묘한 것입니다. 동물들은 본능적인 능력을 발전시키지 못합니다. 하나님께서 주신 대로 수백 년, 수천 년 동안 거의 똑같은 모습으로 살아갑니다.

동물과 달리 사람들은 날마다 새로운 것들을 창조해 냅니다. 그것은 하나님께서 사람에게 하나님의 창조 능력과 지혜를 주셨기 때문입니다. 사람은 이제 새보다 더 높이 날고, 물고기보다 더 깊은 물속을 다닐 수 있으며, 우주까지도 날아가고 있습니다. 하지만 사람들은 그 지혜로 건강을 해치는 것들도 많이 만들었습니다. 사람들이 만든 많은 화학물질이 사람과 동식물들에게도 해를 끼치고 기형과 암을 유발하고 있습니다. 하나님께서 주신 지혜와 창조적인 능력으로 오히려 건강을 해치고 있습니다. 하나님께서 주신 지혜와 능력으로 피조물들도 잘 다스릴 뿐 아니라, 우리의 몸과 삶도 잘 돌보며 하나님께서 기뻐하시는 삶을 살아갑시다.

묵상을 위한 질문 내게 주신 지혜로 하나님을 기쁘시게, 세상을 살기 좋게 만들고 있나요?

기도 하나님의 지혜를 늘 부어 주셔서 맡기신 사명 잘 감당하게 하소서.

실천 공산품과 완제품보다는 지혜와 창조적 능력으로 손수 만들어서 먹고 DIY 제품을 사용합시다.

제31일
3월 25일(수)

성령이 거하시는 우리의 몸

본문 | 고린도전서 3:16-17 **찬송** | "나 이제 주님의 새 생명 얻은 몸"(436장)

중심구절

"너희는 너희가 하나님의 성전인 것과 하나님의 성령이 너희 안에 계시는 것을 알지 못하느냐(16절).

깊은묵상

성경은 "너희는 너희가 하나님의 성전인 것과 하나님의 성령이 너희 안에 계시는 것을 알지 못하느냐?"(고전 3:16)라고 말씀하고 있습니다. 말씀과 기도의 생활을 열심히 하는 것만큼이나 성전인 우리 몸을 건강하게 잘 관리하는 것도 하나님께서 기뻐하시는 일입니다. 말씀을 읽고 묵상하는 시간과 기도하는 시간을 따로 떼어놓아야 하듯이 운동하는 시간도 따로 떼어놓아야 합니다. 건강해야 하나님의 일도 더 잘할 수 있기 때문에 더욱 그래야 합니다.

"그러므로 형제들아 내가 하나님의 모든 자비하심으로 너희를 권하노니 너희 몸을 하나님이 기뻐하시는 거룩한 '산 제물'로 드리라 이는 너희가 드릴 영적 예배니라"(롬 12:1)는 말씀은 우리 삶을 매일매일 드리는 예배가 되도록 살라는 것입니다. 우리 몸을 산 제물로 드리기 위해서도 늘 건강해야 합니다. 부모에게는 자식이 건강한 것도 효도인 것처럼, 우리가 건강한 것도 하나님을 사랑하는 모습입니다. 또 건강해야 이웃도 사랑할 수 있습니다. 영적인 건강뿐 아니라 육적인 건강을 가꾸는 일도 매우 중요합니다. 영적인 예배는 물론, 몸으로 드리는 전인적인 예배를 드려야 하기 때문입니다.

묵상을 위한 질문 내 삶의 모습 중에서 하나님께서 기뻐하지 않으실 모습은 없을까요?

기도 영혼이 잘됨 같이 범사에 잘되고 늘 강건하게 하소서.

실천 줍깅(걸으면서 쓰레기를 줍는 것)으로 건강도 챙기고 주변 환경도 깨끗하게 만듭시다.

제32일
3월 26일(목)

아름답게 만들어 주신 동물과 식물

본문 | 창세기 1:24-31 **찬송** | "온 천하 만물 우러러"(69장)

중심구절

"하나님이 땅의 짐승을 그 종류대로, 가축을 그 종류대로, 땅에 기는 모든 것을 그 종류대로 만드시니 하나님이 보시기에 좋았더라"(25절).

깊은묵상

하나님께서는 태초에 동물을 그 종류대로, 식물을 그 종류대로 창조하셨습니다. 지구상에는 사람이 셀 수 없을 만큼 많은 종류의 생명체들이 살고 있습니다. 하나님께서는 사람이 볼 수 없는 아주 작은 생물들도 아름답게 만드시고, 사람의 손길이 한 번도 닿지 않는 곳에도 아름다운 생명체들을 자라나게 하셨습니다. 철따라 피어나는 꽃들의 아름다움과 향기, 새들의 지저귀는 소리들은 사람을 즐겁게 해 주고, 또 과일이나 곡식, 가축의 고기들은 사람들이 맛있게 먹을 수 있게 해 줍니다.

하지만 인간의 욕심과 무분별한 개발로 수많은 동식물이 멸종위기에 처해 있습니다. 스텔라 바다소에게서는 많은 고기와 지방을 얻을 수 있었는데, 그 고기의 맛은 송아지 고기의 맛과 같았고, 지방은 아몬드 기름과 같은 맛이 났으며, 가죽은 장화와 벨트와 보트의 덮개 등으로 사용할 수 있었습니다. 심지어 젖은 직접 마시거나 버터로 만들어 먹을 수 있었습니다. 하지만 너무 유순하고 사람에 대한 경계심이 없었기 때문에 쉽게 잡을 수가 있어서 결국 멸종되고 말았습니다. 우리가 지켜 주지 못해 하나님께서 창조하신 생명체들이 더 이상 사라지게 해서는 안 될 것입니다.

묵상을 위한 질문 나의 욕심과 무분별한 행동으로 상처 받고 죽어 가는 영혼은 없나요?

기도 하나님께서 아름답게 만드신 모든 피조물을 사랑하며 기쁨을 누리게 하소서.

실천 주변에 서식하는 멸종위기종과 천연기념물을 어떻게 보호할 수 있는지 알아봅시다.

제33일
3월 27일(금)

야생생물의 천국, 비무장지대

본문 | 이사야 11:6-9 **찬송** | "피난처 있으니"(70장)

중심구절

"내 거룩한 산 모든 곳에서 해 됨도 없고 상함도 없을 것이니 이는 물이 바다를 덮음 같이 여호와를 아는 지식이 세상에 충만할 것임이니라"(9절).

깊은묵상

우리나라의 비무장지대는 70여 년 동안 개발되지 않고 오염되지 않아서 생태계가 잘 보전되어 있습니다. 남한은 온대, 북한은 냉대 기후대에 속하는데, 비무장지대만큼 이 기후대의 생태계가 잘 보전되어 있는 곳은 전 세계적으로 드뭅니다. 앞으로 세계적인 생태계 보고의 역할을 해 줄 것입니다. 그런데 동시에 비무장지대가 사람들의 발길이 거의 닿지 않았기 때문에 야생생물의 천국이 되었다는 것은 동식물에 대한 사람들의 책임이 얼마나 큰지를 돌아보게 해 줍니다.

하나님께서는 모든 생물을 사람들에게 맡겨 주셨으니 우리는 생태계를 잘 보전하고 동식물들을 보호해야 합니다. 먼저 우리 주변에 있는 야생동물과 야생식물들부터 잘 보호해야 합니다. 가축이나 반려동물들을 잘 보살피는 것도 하나님께서 기뻐하시는 일입니다. 모든 생명체의 주인은 하나님이시기에 사람이 함부로 대해서는 안 되기 때문입니다. 우리는 풀 한 포기, 꽃 한 송이, 작은 생물 하나까지도 보호하고 가꾸는 동물과 식물의 보호자가 되어야 합니다.

묵상을 위한 질문 내가 닿은 손길과 발길에 상처받은 곳은 없나요?

기도 이리가 어린 양과 함께 살고 암소와 곰이 함께 먹는 천국을 만들어 가게 하소서.

실천 '손대지 않는 것'에서 시작되는 환경지킴을 위해, 개입하지 않고 남기지 않고 가져오지 맙시다.

하나님의 기르심과 돌보심

제34일
3월 28일(토)

본문 | 마태복음 6:25-34　　**찬송** | "공중 나는 새를 보라"(588장)

중심구절

"오늘 있다가 내일 아궁이에 던져지는 들풀도 하나님이 이렇게 입히시거든 하물며 너희일까보냐 믿음이 작은 자들아"(30절).

깊은묵상

하나님께서는 창조하신 모든 동물과 식물들을 먹이고 입히고 계십니다. 예수님은 "공중의 새를 보라 심지도 않고 거두지도 않고 창고에 모아들이지도 아니하되 너희 하늘 아버지께서 기르시나니… 들의 백합화가 어떻게 자라는가 생각하여 보라 수고도 아니하고 길쌈도 아니하느니라 그러나 내가 너희에게 말하노니 솔로몬의 모든 영광으로도 입은 것이 이 꽃 하나만 같지 못하였느니라"(마 6:26-29)라고 말씀하셨습니다. 이처럼 하나님께서는 하찮아 보이는 생물들까지 다 돌보고 계십니다. 참새 하나라도 하나님의 허락 없이는 땅에 떨어지지 않는다고도 말씀하십니다. 이 말씀을 하시면서 이렇게 작은 참새와 들풀들도 보살펴 주시는데 우리는 이들보다 더 귀하게 여기며 돌보시지 않겠느냐고 하셨습니다. 그렇다면 하나님께서 돌보시는 동물과 식물들을 우리도 잘 보호해야 합니다. 또 그들까지도 돌보시는 하나님께서 자녀 된 우리는 더욱 특별하게 돌보고 계신다는 것을 믿을 수 있습니다. 그리하여 무엇을 먹을까, 무엇을 마실까, 무엇을 입을까 염려하지 말고 하나님의 나라와 의를 구하며 살아야 할 것입니다.

묵상을 위한 질문 내가 지금 염려하거나 불안해 하고 있는 것은 무엇인가요?

기도 하나님의 자녀답게 하나님의 나라와 의를 먼저 구하게 하소서.

실천 입히시고 먹이시는 은혜가 있으니 꼭 필요한 만큼만 입고, 먹을 만큼만 먹읍시다.

고난주간

신음하는 생태계

3월 29일(주일)

겸손의 왕으로 오신 예수님

본문 | 마태복음 21:1-11 **찬송** | "왕 되신 우리 주께"(140장)

중심구절

"시온 딸에게 이르기를 네 왕이 네게 임하나니 그는 겸손하여 나귀, 곧 멍에 메는 짐승의 새끼를 탔도다 하라 하였느니라"(5절).

예수님이 예루살렘에 입성하시던 날, 예수님의 요청에 따라 제자들은 어미 나귀와 새끼 나귀를 함께 끌고 왔습니다. 예수님은 그중에서 어린 나귀에 타셨는데 그 이유는 예언을 이루시기 위해서였습니다. 스가랴 9:9의 말씀에 왕께서 나귀 중에 작은 나귀를 타실 것이라고 예언되었기 때문이었습니다. 겸손하여서 나귀 새끼를 타실 것이라는 그 예언처럼 예수님은 왕으로 오셨지만, 겸손의 왕으로 오셨던 것입니다.

나귀를 타고 오는 것으로도 충분하지 않으셨던 것입니다. 더 낮아지셔야 했습니다. 그래서 어미 나귀가 아니라 새끼 나귀를 타시고, 발이 땅에 닿을 정도의 볼품없는 모습으로 더 낮고 낮아진 겸손의 왕으로 오신 것입니다. 그 길의 끝은 십자가에 죽으시기까지 더 낮아지는 것이었습니다. 세상의 그 어떤 낮은 자도 구원하시고 세상의 그 어떤 낮은 자리에까지도 내려가시기 위한, 예수님의 낮아지고 낮아지심이었습니다. 예수님의 그 모습이 바로 나를 위해 낮아지신 것임을 기억하고, 감사와 영광과 찬양을 겸손의 왕 예수님께 올려 드리며, 우리도 예수님처럼 겸손의 삶을 살아야 하겠습니다.

보시기에 심각한 환경

제35일
3월 30일(월)

본문 | 시편 107:33-43 **찬송** | "만왕의 왕 내 주께서"(151장)

중심구절
"또 광야가 변하여 못이 되게 하시며 마른 땅이 변하여 샘물이 되게 하시고"(35절).

깊은묵상

창조 이래 지금처럼 환경이 오염된 적은 없었습니다. 지구온난화와 미세먼지는 이제 일상이 되었고, 여름철마다 으레 들려오는 녹조와 적조 현상, 그리고 해양쓰레기와 미세플라스틱 문제, 핵폐기물, 환경호르몬과 유해 물질 등 환경문제의 다양성과 심각성은 더욱 심화되고 있습니다. 현재 지구는 심각한 환경오염에 처해 있습니다.

하나님께서는 아름답게 창조된 세상을 보시고 심히 기뻐하셨으니, 갖가지 오염으로 파괴되고 있는 환경을 보시면서는 심히 마음 아파하시고 안타까워하실 것입니다. 온 세상을 우리에게 선물로 주셨는데, 그 선물을 우리가 다 망가뜨리고 있으니 심히 속상하실 것입니다. 환경오염은 지구생태계가 하나님께서 처음에 만드신 아름다운 모습을 유지할 수 없게 했을 뿐 아니라 사람과 환경에게 되돌릴 수 없는 피해를 주고 있습니다. 환경의 파괴와 오염은 오직 인간 때문에 발생하고 있고, 그 모든 피해를 고스란히 인간이 받고 있습니다. 청지기의 사명을 제대로 감당하려면 주인의 마음을 잘 알고 그 뜻대로 해야 합니다. 그러니 이제부터라도 우리는 피조 세계를 향하신 하나님의 마음을 깊이 깨달아 그 뜻과 마음을 품고, 세상을 잘 다스리는 선한 청지기들이 다 되어야 할 것입니다.

묵상을 위한 질문 피조 세계를 신음하게 만드는 나의 영적인 죄와 생태적 죄는 무엇인가요?

기도 그동안 환경파괴에 대해 외면하고 무관심했던 죄를 용서해 주소서.

실천 성전을 정화하신 예수님을 따라 이 땅의 정화를 위한 회개의 기도를 드립시다.

시작에 불과한 환경재앙

제36일
3월 31일(화)

본문 | 예레미야 14:1-6 **찬송** | "웬말인가 날 위하여"(143장)

중심구절

"땅에 비가 없어 지면이 갈라지니 밭 가는 자가 부끄러워서 그의 머리를 가리는도다" (4절).

깊은묵상

태풍과 쓰나미가 지나가고 산불이 지나간 곳은 전쟁터를 방불케 할 만큼 모든 게 초토화되고 많은 재산과 인명 피해를 내고 있습니다. 인간뿐 아니라 수많은 동물과 식물들도 참혹하기 희생당하고 있습니다. 이제 더 이상 지구온난화는 조금 춥고 덥거나 조금 더 가물고 비가 더 많이 오는 수준의 이야기도, 남의 나라 이야기도 아닙니다. 이런 피해들은 마치 전 세계의 모든 나라가 전쟁을 치르고 있는 것처럼 걷잡을 수 없이 심각한 상황으로 치닫고 있습니다.

환경의 반격은 기후 재앙으로만 끝나지 않습니다. 바다 쓰레기와 미세플라스틱에 의한 바다의 오염과 바다 생물들의 피해는 다시 인간을 향해 돌진해 오고 있습니다. 앞으로 20~30년 후 지구 전체 생태계의 모습과 우리의 모습이 얼마나 변해 있을지 상상만 해도 끔찍합니다. 환경 재앙을 대비하지 않으면 안 됩니다. 요셉이 다가올 7년의 흉년을 잘 대비했듯이 위기의 시기를 반드시 대비해야 합니다. 그렇지 않으면 많은 생명이 희생당할 것입니다. 그러니 많은 생명을 구원하기 위해 쓰임 받았던 요셉처럼 우리는 파괴되는 환경을 지켜 내고 생명을 살리는 사명을 잘 감당해야 할 것입니다.

묵상을 위한 질문 요셉처럼, 다가올 기후 재앙을 대비해 내가 준비할 것이 무엇일까요?

기도 지혜를 주셔서 환경을 지켜 내고 생명을 살리는 사명을 잘 감당하게 하소서.

실천 생태 홍보대사가 되어 환경을 사랑하고 보호해야 하는 절실한 필요성을 전합시다.

피조물이 고대하는 하나님의 아들들

제37일
4월 1일(수)

본문 | 로마서 8:18-30　　**찬송** | "주 달려 죽은 십자가"(149장)

중심구절

"피조물이 고대하는 바는 하나님의 아들들이 나타나는 것이니"(19절).

깊은묵상

환경의 파괴와 고통은 전적으로 인간의 죄 때문이고, 하나님을 떠난 인간의 탐욕과 이기심 때문입니다. 인간의 죄 때문에 땅이 저주를 받았고, 인간과의 깨진 관계 때문에 피조물들이 탄식하며 고통받고 있습니다. 인간과 환경은 하나님의 심판을 함께 받는 심판 공동체입니다.

하나님께서는 십자가의 피로 인간뿐 아니라 만물과도 화목해지기를 원한다고 말씀하십니다. 인간과 생태환경은 하나님의 구원을 함께 받아야 할 구원 공동체입니다. 인간만 바로 산다면 모든 생태계도 다시 살아나게 될 것입니다. 지금 온 피조 세계는 하나님께서 원하시는 선한 청지기의 모습으로 살아가는 참 하나님의 아들들을 고대하고 있습니다.

인간의 죄악으로 황폐화된 생태계를 회복시키는 길은 우리가 하나님만이 온 세상 만물의 유일하신 주인이심을 고백하고, 하나님의 명령대로 살며, 하나님의 뜻대로 생태환경을 잘 가꾸고 돌보는 것입니다. 그럴 때 우리는 아름다운 창조 세계의 복을 다 누리게 될 것이고 또 그 복을 흘려보내는 복의 통로의 사명도 감당하게 될 것입니다.

묵상을 위한 질문 만물이 하나님과 화목하기 위해서 내가 할 수 있는 일은 무엇일까요?

기도 모든 피조물이 고대하는 하나님의 아들의 모습으로 살게 하소서.

실천 합력하여 선을 이루기 위해 친환경 사업을 하는 NGO에 후원함으로 합력합시다.

제38일
4월 2일(목)

사랑해야 할 이웃 환경

본문 | 마가복음 12:28-34 **찬송** | "예수 나를 위하여"(144장)

중심구절

"둘째는 이것이니 네 이웃을 네 자신과 같이 사랑하라 하신 것이라 이보다 더 큰 계명이 없느니라"(31절).

깊은묵상

창조된 모든 세상은 창조주 하나님의 것입니다. 그런데 우리는 마치 모든 세상의 주인이 인간인 것처럼 함부로 대했고, 인간에게도 해가 되는 결과들을 스스로 만들고 있습니다. 우리가 마음을 다하고 목숨을 다하고 뜻을 다하여 사랑해야 될 하나님께서는 만물의 주인이시며, 인간뿐 아니라 다른 생명체와 땅까지도 아끼고 돌보시는 분이기 때문에 우리는 그 하나님의 눈으로 만물을 보아야 합니다. 그리고 하나님께서 원하시는 방법대로 만물을 다스려야 합니다. 그것이 하나님을 사랑하는 또 하나의 모습입니다.

하나님께서 "이웃을 네 자신과 같이 사랑하라"고 하셨는데, 우리 주변에 있는 모든 피조 환경들과 생명체들도 우리의 이웃이라는 것을 잊어서는 안 됩니다. 생태환경을 사랑하는 것도 또 하나의 이웃 사랑입니다. 환경오염으로 피해를 입고 있는 환경 약자들을 사랑하고 돕는 것 또한 이웃 사랑입니다. 이런 사랑의 계명을 지키는 모습이 아름다운 환경 속에서 하나님을 만나는 창조신앙과 생태영성으로 사는 복을 누리게 합니다. 그렇게 살 때, 지구도 살리며 내 영혼도 풍성하게 하며 선교의 사명까지 감당하게 될 것입니다.

묵상을 위한 질문 내가 사랑하기를 바라시는 생태 이웃은 누구일까요?

기도 누가 그들의 이웃이 되겠느냐는 말씀에 기쁨으로 자원하게 하소서.

실천 예수님이 제자들의 발을 씻기셨듯이, 그림자 노동자들을 격려하며 필요를 채워 줍시다.

제39일
4월 3일(금)

모든 피조물에게 복음을

본문 | 출애굽기 23:10-13 **찬송** | "거기 너 있었는가"(147장)

중심구절

"너는 엿새 동안에 네 일을 하고 일곱째 날에는 쉬라 네 소와 나귀가 쉴 것이며 네 여종의 자식과 나그네가 숨을 돌리리라"(12절).

깊은묵상

성경은 인간뿐 아니라 다른 피조물에게도 권리가 있다고 말씀합니다. 안식일에 인간과 함께 가축도 휴식하도록 명령하셨습니다(출 23:12). 소와 양의 어린 새끼는 최소한 태어난 후 7일 동안에 어미와 함께 있게 할 것(출 22:30)과 염소 새끼를 그 어미의 젖으로 삶지 말 것(출 23:19)과 암소와 암양을 막론하고 어미와 새끼를 같은 날에 잡지 말 것(레 22:28)을 명령하셨습니다. 동물을 함부로 대하지 말고 존중하라고 하신 것입니다. 또한 일곱째 해를 안식년으로 삼아 인간뿐 아니라 땅도 쉬게 하심(레 25:4-5)으로 무생물인 땅도 혹사하지 못하도록 명령하셨습니다.

"온 천하에 다니며 만민에게 복음을 전파하라"(막 16:15)라는 말씀에서 '만민에게'는 헬라어로 '모든 피조물에게'라는 뜻입니다. 하나님께서 원하시는 것은 온 세상에 다니며 모든 피조물에게 복음을 전하는 것입니다. 또 "하나님이 세상을 이처럼 사랑하사 독생자를 주셨으니"(요 3:16)라는 말씀에서도 '하나님이 사람을 이처럼 사랑하사'라고 하지 않으십니다. 하나님께서는 사람을 포함한 모든 세상을 사랑하신다고 말씀하신 것입니다. 이런 하나님의 말씀과 명령들을 보면, 우리가 얼마나 생태적인 삶, 선한 청지기의 모습으로 살기를 바라시는지 잘 알 수 있습니다.

묵상을 위한 질문 가축과 땅까지도 배려하시는 하나님의 사랑은 얼마나 깊고도 넓은가요?

기도 세상을 이처럼 사랑하사 십자가를 지신 예수님, 감사하고 사랑합니다.

실천 생태적 십자가(소비/이동수단/식탁의 십자가 등)를 지고 예수님의 뒤를 따라갑시다.

예수님을 닮은 생태영성

제40일
4월 4일(토)

본문 | 시편 24:1-10　　찬송 | "갈보리산 위에"(150장)

중심구절

"땅과 거기에 충만한 것과 세계와 그 가운데에 사는 자들은 다 여호와의 것이로다" (1절).

깊은묵상

모든 교회는 친환경적인 교회가 되어야 하며 모든 교인들도 친환경적인 교인이 되어야 합니다. 교인들은 먼저 하나님께서 주신 아름다운 환경에 감사하고 누릴 줄 아는 생태감사와 생태누림의 삶을 살아야 합니다. 천지창조를 통해 인간에게 주어진 아름다운 환경의 모습과 피조 세계 속에 들어 있는 하나님의 은혜를 발견하고 감사할 뿐 아니라, 그 환경을 통해 주시고자 하는 기쁨과 즐거움을 누릴 줄 아는 생태영성을 가져야 합니다. 그럴 때 파괴되고 있는 환경의 모습에 안타까워하시는 하나님의 마음도 더욱 깊이 깨닫게 될 것입니다.

생태환경 속에서 만물을 만드신 하나님을 만나고 그 풍성함과 아름다움과 사랑을 묵상할 때, 우리는 만물을 통해 말씀하시는 하나님을 만나는 생태영성의 삶을 살 수 있습니다. 생태영성에서 우러나오는 친환경적인 실천과 삶의 모습으로 사는 것이 하나님께서 기뻐하는 모습이자 생태 친화적이셨던 예수님을 닮아 가는 모습입니다. 생태영성이 지구도 살리고 나의 영성도 풍성하게 하는 힘이 되는 것입니다. 그것이 또한 하나님을 사랑하고, 또 하나의 이웃인 환경을 사랑하는 것이며, 나 자신도 사랑하는 예수님 닮은 생태영성의 모습입니다.

묵상을 위한 질문 내가 못하고 있는 생태감사와 생태누림은 무엇인가요?

기도 환경을 통해 주시는 기쁨과 즐거움을 누리는 생태영성을 가지게 하소서.

실천 생태환경을 죽음에 이르게 하는 사슬을 끊기 위해 생태루틴 체크리스트를 만들어 봅시다. (소비/이동수단/식탁/쓰레기/에너지 재사용/돌아보기)

부활주일

부활의 첫 열매가 되신 예수님

4월 5일(주일)

한 알의 밀알이 되신 예수님

본문 | 요한복음 12:20-33 **찬송** | "할렐루야 우리 예수"(161장)

중심구절

"내가 진실로 진실로 너희에게 이르노니 한 알의 밀이 땅에 떨어져 죽지 아니하면 한 알 그대로 있고 죽으면 많은 열매를 맺느니라"(24절).

열매는 한 알의 씨앗이 죽는 희생이 있을 때 비로소 시작됩니다. 우리 모두의 인생에도 한 분의 희생이 있었습니다. 그분은 바로 예수님입니다. 예수님의 죽으심으로 말미암아 우리는 다시 태어났습니다. 그리고 우리의 인생은 새로운 싹을 틔우게 되었습니다. 그리고 주님 안에서 자라 어느덧 화려한 꽃까지 피우게 되었습니다.

하지만 우리는 예수님의 희생으로 거듭난 나의 모습이 화려하게 꽃피는 인생에서 멈추기를 바랍니다. 그 꽃을 떨어뜨리지 않으면 열매를 맺을 수 없는데도 우리는 인생의 화려한 꽃을 떨어뜨리려 하지 않습니다. 예수님의 희생으로 거듭났다면, 이제 우리의 꽃을 떨어뜨리는 희생을 결단할 수 있어야 합니다. 내 속의 욕심을 화려하게 채우고, 나를 드러내는 인생이 아니라 하나님께서 기뻐하시는 인생, 하나님을 위한 인생, 하나님께 영광 돌리는 인생이 되기 위해서는 꽃피우는 인생을 넘어서 열매 맺는 인생으로 나아가야 합니다.

2026
사순절의
깊은묵상
사순절, 창조를 회복하는 십자가의 길

요목 · 글 손석일 목사(상일교회)

초판발행 2026년 1월 23일

편집인 총무 전 호 영
대한예수교장로회총회교육자원부
주소 03128 / 서울특별시 종로구 대학로3길 29 총회창립100주년기념관 7층
전화 (02) 741 - 4356 / (F) 741 - 3477
홈페이지 www.edupck.net

발행인 강 성 훈
발행소 한국장로교출판사
주소 03128 / 서울특별시 종로구 대학로3길 29, 신관 4층(연지동, 총회창립100주년기념관)
전화 (02) 741 - 4381 / (F) 741 - 7886
영업국 (031) 944 - 4340 / (F) 944 - 2623
등록 No. 1 - 84 (1951. 8. 3.)
ISBN 978 - 89 - 398 - 4655-5
값 3,300원

※ 본 저작물에는 손석일, 「성경 속 환경이야기」(서울:두란노, 2019)의 내용 일부를 발췌하여 사용하였습니다.

기획편집 : 강푸름 출판편집 : 정현선, 오원택, 김효진, 김소영